Bauernhof-Rätsel

Hallo, Ratefuchs!

Ich bin dein TING-Stift!
Mit mir kannst du auf eine spannende Rätselreise gehen.
Ich lese dir den Aufgabentext auf jeder Seite vor und erkläre dir, wie das Rätsel funktioniert. Dafür musst du einfach nur den Text antippen. Dann kannst du mit mir zusammen die Aufgabe rätseln. Das Tolle ist, dass du keinen anderen Stift brauchst und die Rätsel ohne Hilfe eines Erwachsenen lösen kannst.
Hier findest du jede Menge Geräuscherätsel, Labyrinthe, Suchaufgaben und vieles mehr. Außerdem gibt es auf vielen Seiten zusätzlich noch andere Dinge mit dem Stift zu entdecken.
Die Anleitung, wie du deinen Stift einschaltest und aktivierst, findest du unten.

Viel Spaß beim Rätseln, und los geht's!

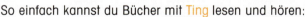

So einfach kannst du Bücher mit Ting lesen und hören:

Zum Einschalten drückst du 2 Sekunden lang diesen Knopf. Wenn es geklappt hat, hörst du einen kurzen Ton.

Danach tippst du mit der Spitze von TING auf den Punkt im inneren Kreis. Wieder hörst du einen kurzen Ton. Das machst du bei jedem neuen Buch wieder genauso.

Los geht's. Jetzt kannst du mit TING dieses Buch lesen und wirst schöne Überraschungen erleben.

Hinweis: Wenn du mehr über TING und weitere TING-Bücher wissen möchtest, frag einfach im Buchhandel oder schau im Internet unter www.ting.eu

Tipp hier mit deinem Ting auf den Punkt im inneren Kreis.

Ting. Der Hörstift.

Oh, so viele Tiere! Weißt du denn, welche von ihnen auf dem Bauernhof leben? Tippe sie mit deinem Stift an.

So ein Durcheinander! Hat Bauer Karl von all seinen Sachen vier Stück?
Was fehlt ihm noch? Tippe mit dem Stift auf die passenden Gegenstände.
Findest du die kleine Maus?

Bauer Karl wundert sich. Seine drei großen Katzen sind da. Aber wo sind denn die 8 kleinen Katzen geblieben? Findest du sie? Tippe sie mit dem S an. Tippe dann auf Bauer Karl, wenn du meinst, alle gefunden zu haben.

Weißt du auch, welche große Katze noch keine Jungen bekommen hat?

Weißt du, welche Kuh die größte Glocke trägt? Wenn du mit deinem Stift auf die Glocken tippst, hörst du auch, dass sie sich je nach Größe unterschiedlich anhören. Bauer Karl hat eine Lieblingskuh. Tippe ihn mit dem Stift an, dann verrät er dir, wie sie aussieht.

Weißt du, in welchem Stall die Tiere wohnen? Tippe mit dem Stift zuerst auf ein Gebäude, und du hörst, wer hier wohnen könnte. Dann tippe auf das passende Tier. Kannst du alle Tiere zuordnen?

Wer wohnt in diesem Stall? Tippe mit deinem Stift darauf, dann hörst du, wer hier wohnen könnte.

Immer ein Hahn und ein Huhn gehören zusammen. Findest du die Paare? Tippe dazu die Paare mit dem Stift nacheinander an.

So viele Tiere! Welche Tiere sind kleiner als du selbst? Tippe sie mit dem Stift an.

Was ist denn hier los? Schau genau! Acht Dinge sind totaler Quatsch. Kannst du sie alle entdecken? Tippe sie mit deinem Stift an. Tippe dann auf die Bäuerin, wenn du meinst, alle gefunden zu haben.

Jede Stute hat ein Fohlen, nur eine nicht. Findest du sie? Außerdem hat die Bäuerin ein Lieblingsfohlen. Tippe sie mit dem Stift an, dann verrät sie dir, wie es aussieht.

Die Gänse laufen durcheinander. Wie viele laufen von dir aus gesehen nach rechts? Tippe die passende Zahl unten an.

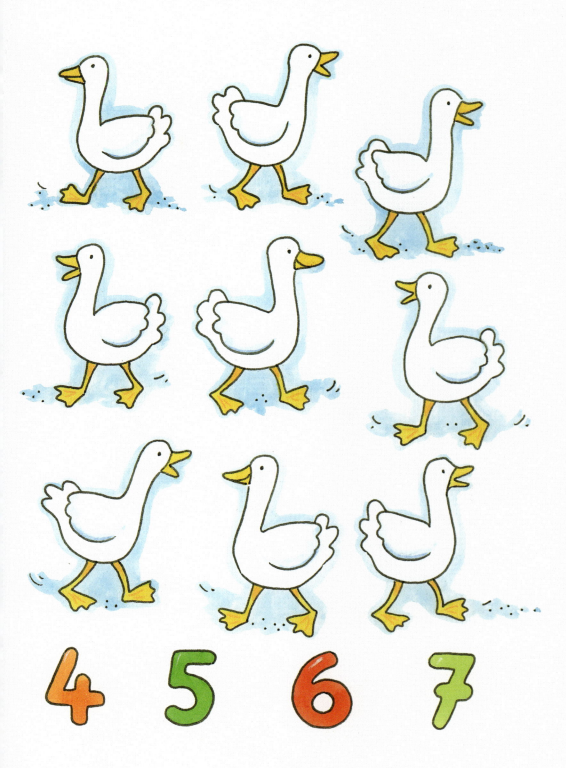

Huch! Was ist denn hier passiert? Die Geschichte ist ganz durcheinandergeraten. Kannst du sie ordnen? Tippe in der richtigen Reihenfolge auf die einzelnen Bilder, und sie erzählen dir die Geschichte.

Du kennst doch sicherlich alle Tiere, die du hier siehst. Aber weißt du auch, welche davon Eier legen? Tippe die passenden Tiere an.

Der Bauer ist auf dem Weg nach Hause. Weißt du, wie er fahren muss? Der Stift hilft dir, auf dem richtigen Weg zu bleiben.

Weißt du, wer wo wohnt? Tippe mit deinem Stift zuerst auf ein Gebäude, und du hörst, wer hier wohnen könnte. Dann tippe auf das passende Tier oder Fahrzeug. Kannst du alle zuordnen?

Viele Bauernhöfe haben ihren eigenen Hofladen, in dem sie ihre Produkte selbst verkaufen. Weißt du, welches Produkt von welchem Tier stammt? Tippe zuerst das Tier und dann das passende Produkt an.

Wie oft findest du das Obst und Gemüse, das du hier siehst, im Laden wieder? Tippe zuerst auf die Ware und dann auf die jeweils passende Zahl.

Die Kundin möchte ihren bestellten Geschenkkorb abholen. Tippe sie mit deinem Stift an, dann weißt du, welchen Korb sie abholen möchte.

Oje, der Korb ist umgefallen! Hat die Bäuerin von jedem Obst und jedem Gemüse sechs Stück? Was fehlt? Findest du die kleine Schnecke?

Hier siehst du viele Tiere. Weißt du, welche davon Milch geben? Tippe sie mit deinem Stift an.

Wer wohnt in diesem Stall? Tippe mit deinem Stift darauf, dann hörst du, wer hier wohnen könnte.

Weißt du, welcher Schatten zu welchem Pferd gehört? Tippe die Paare nacheinander an.

Wer wohnt in diesem Stall? Tippe mit deinem Stift darauf, dann hörst du, wer hier wohnen könnte.

Der Schäfer weidet seine Schafe auf der Wiese. Wie viele Schafe blöken gerade? Tippe die einzelnen Schafe mit dem Stift an, höre genau hin und zähle mit. Tippe dann die passende Zahl dazu an.

Der Hund hat einen Knochen gewittert. Hilfst du ihm, den Weg zu finden? Welchen Knochen hat er aufgespürt? Der Stift hilft dir bei der Suche.

Jeweils ein Bild passt nicht dazu. Weißt du, welches? Tippe es mit deinem Stift an, und du weißt, ob du richtigliegst.

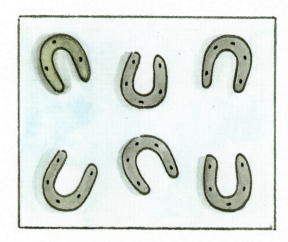

Auf einem Bauernhof gibt es jede Menge Tiere. Weißt du, wie viele verschiedene Tierarten hier leben? Schau genau und tippe die passende Zahl an.

5 6 7 8 9

Hier siehst du Tiermamas mit ihren Kindern. Jede Tiermama hat ein Kind, nur eine nicht. Weißt du, welche? Weißt du auch, wie die Tierkinder jeweils genannt werden?

Wer wohnt in diesem Stall? Tippe mit deinem Stift darauf, dann hörst du, wer hier wohnen könnte.

Hier siehst du Tiere und ihr Futter. Auf welcher Seite ist jeweils mehr? Tippe die richtige Seite an.

Jeweils ein Bild passt nicht dazu. Weißt du, welches? Tippe es mit deinem Stift an, und du weißt, ob du richtigliegst.

Wer wohnt in diesem Stall? Tippe mit deinem Stift darauf, dann hörst du, wer hier wohnen könnte.

Welche Dinge gibt es genau dreimal? Tippe sie in der unteren Leiste an.

Hier kannst du dir dein eigenes Bauernhoflied zusammenstellen. Tippe auf Bauer Karl, dann singt er dir die erste Strophe vor. Danach kannst du dir überlegen, welches Tier als nächstes drankommt. Tippe auf das Tier, das du dir ausgesucht hast, und es singt die nächste Strophe für dich.

Weitere Titel aus der Reihe

 Hör dich schlau!

ISBN: 978-3-7607-6927-1

ISBN: 978-3-7607-6927-1

ISBN: 978-3-7607-6928-8

ISBN: 978-3-7607-8460-7

Mehr Infos auf www.arsedition.de

© 2011 arsEdition GmbH,
Friedrichstraße 9, D-80801 München
Alle Rechte vorbehalten
Illustrationen: Corina Beurenmeister
ISBN 978-3-7607-8445-3

www.arsedition.de